Mis patas son largas y fuertes

por Joyce Markovics

Consultores:
Christopher Kuhar, PhD
Director Ejecutivo
Zoológicos de la ciudad de Cleveland, Ohio

Kimberly Brenneman, PhD
Instituto Nacional para la Investigación de la Educación Temprana
Universidad de Rutgers
New Brunswick, Nueva Jersey

BEARPORT PUBLISHING

New York, New York

Créditos

Cubierta, © iStockphoto/Thinkstock; 4–5, © John Snelling/Getty Images; 6–7, © Guy Edwards/naturepl.com; 8–9, © A & J Visage/Alamy; 10–11, © Gallo Images/Alamy; 12–13, © GFC Collection/Alamy; 14–15, © iStockphoto/Thinkstock; 16–17, © Gallo Images/Alamy; 18–19, © Otto Plantema/Foto Natura/Minden Pictures/Corbis; 20–21, © Otto Plantema/Foto Natura/Minden Pictures/Corbis; 22, © Fred Bruemmer/Getty Images; 23, © Aaron Amat/Shutterstock; 24, © iStockphoto/Thinkstock.

Editor: Kenn Goin
Editora principal: Joyce Tavolacci
Director creativo: Spencer Brinker
Diseñadora: Debrah Kaiser
Editora de fotografía: Michael Win
Editora de español: Queta Fernandez

Datos de catalogación de la Biblioteca del Congreso

Markovics, Joyce L., author.
  [My legs are long and strong. Spanish]
  Mis patas son largas y fuertes / by Joyce Markovics; consultores: Christopher Kuhar, PhD, Director Ejecutivo, Zoológicos de la ciudad de Cleveland, Ohio; Kimberly Brenneman, PhD, Instituto Nacional para la Investigación de la Educación Temprana, Universidad de Rutgers, New Brunswick, Nueva Jersey.
       pages cm. — (Pistas de animales)
  Includes bibliographical references and index.
  ISBN 978-1-62724-582-1 (library binding) — ISBN 1-62724-582-0 (library binding)
  1. Ostriches—Juvenile literature. I. Title.
  QL696.S9M3718 2015
  598.5'24—dc23

2014031736

Para más información, escriba a Bearport Publishing Company, Inc., 45 West 21st Street, Suite 3B, New York, New York 10010. Impreso en los Estados Unidos de América.

10 9 8 7 6 5 4 3 2 1

Contenido

¿Qué soy?

Mira mi cuello.

Es largo y
delgado.

Tengo plumas
en el cuerpo.

Son blancas
y negras.

Tengo dos alas
grandes, pero
no puedo volar.

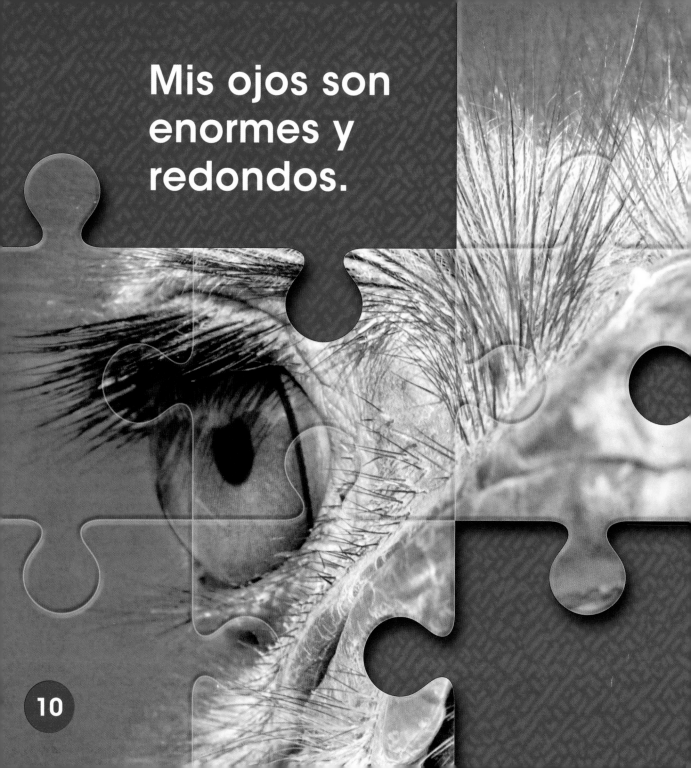

Mis ojos son enormes y redondos.

Tengo dos
dedos grandes
en cada pata.

Mi pico es rosado y puntiagudo.

14

15

Mis patas son largas y fuertes.

16

17

¿Qué soy?

¡Vamos a averiguarlo!

¡Soy un avestruz!

Datos sobre el animal

Los avestruces son los pájaros más grandes que existen. Como todos los pájaros, ponen huevos. También tienen plumas, alas y pico. A diferencia de otros pájaros, los avestruces no pueden volar.

Más datos sobre los avestruces

Comida:	plantas y, a veces, insectos y lagartos
Tamaño:	7-9 pies (2-3 metros) de alto
Peso:	220-300 libras (100-136 kg)
Esperanza de vida:	30-40 años
Dato curioso:	Los avestruces pueden correr hasta 43 millas por hora (69 kph).

Tamaño de un avestruz adulto

¿Dónde vivo?

Los avestruces viven en África. Habitan en pastizales y desiertos.

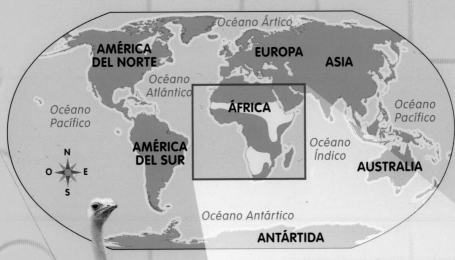

ÁFRICA

Océano Atlántico

Donde viven los avestruces

Índice

Lee más

Ripple, William John. *Ostriches (Desert Animals).* Mankato, MN: Capstone (2005).

Spilsbury, Louise. *Ostrich (A Day in the Life: Grassland Animals).* Chicago: Heinemann (2011).

Aprende más en línea

Para aprender más sobre los avestruces, visita
www.bearportpublishing.com/ZooClues

Acerca de la autora

Joyce Markovics vive junto al río Hudson, en Tarrytown, Nueva York. Le gusta estar rodeada de criaturas que tengan pelos, aletas y plumas.